școală - sakola	2
călătorie - lalampahan	5
transport - transportasi	8
oraș - kota	10
peisaj - pamandangan	14
restaurant - restoran	17
supermarket - supermarkét	20
băuturi - inuman	22
mâncare - dahareun	23
gospodărie țărănească - pertanian	27
casă - imah	31
cameră de zi - rohang tamu	33
bucătărie - dapur	35
baie - kamar ibak	38
camera copiilor - kamar budak	42
îmbrăcăminte - acuk	44
birou - kantor	49
economie - ékonomi	51
ocupații - pagawéan	53
instrumente - alat	56
instrumente muzicale - alat musik	57
grădină zoologică - kebon binatang	59
sport - olahraga	62
activități - aktivitas	63
familie - kulawarga	67
corp - awak	68
spital - rumah sakit	72
urgență - darurat	76
pământ - Bumi	77
ceas - jam	79
săptămână - minggu	80
an - taun	81
forme - bentuk	83
culori - warna-warna	84
antonime - sabalikna	85
cifre - angka-angka	88
limbi - basa-basa	90
cine/ce/cum - saha / naon / kumaha	91
unde - di mana	92

Impressum
Verlag: BABADADA GmbH, Nedderfeld 112 , 22529 Hamburg
Geschäftsführer / Verlagsleitung: Harald Hof
Druck: Books on Demand GmbH, In de Tarpen 42, 22848 Norderstedt

Imprint
Publisher: BABADADA GmbH, Nedderfeld 112 , 22529 Hamburg, Germany
Managing Director / Publishing direction: Harald Hof
Print: Books on Demand GmbH, In de Tarpen 42, 22848 Norderstedt

școală
sakola

- a împărți / bagi
- tablă / papan
- sală de clasă / rohang kelas
- curte a școlii / pakarangan sakola
- profesor / guru
- hârtie / kertas
- a scrie / nyerat / nulis
- instrument de scris / kalam
- masă de birou / meja gawé
- riglă / jidar
- carte / buku
- elev / murit

ghiozdan
tas sakola

penar
wadah potlot

creion
potlot

ascuțitoare
rautan potlot

radieră
pamupus

bloc de desen
kertas gambar

desen
gambar

pensulă
kuas cét

cutie de acuarele
kotak cét

foarfece
gunting

lipici
lém

caiet de exerciții
buku latihan

temă
péér

număr
angka

a aduna
nambahkeun

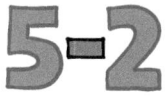

a scădea
kurang

a multiplica
kali

a calcula
ngitung

literă
surat

alfabet
alpabét

cuvânt
kecap

școală - sakola

text
téks

a citi
maca

cretă
kapur

oră
palajaran

catalog
daptar

examen
ujian

certificat
sértipikat

uniformă școlară
saragam sakola

educație
atikan

enciclopedie
énsiklopédi

universitate
univérsitas

microscop
mikroskop

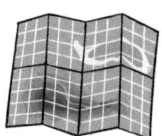
hartă
peta

coș de gunoi
wadah runtah

călătorie
lalampahan

hotel
hotél

hostel
hostél

casă de schimb valutar
kantor pertukaran mata uang

valiză
koper

autovehicul
mobil

limbă
basa

da/nu
muhun / henteu

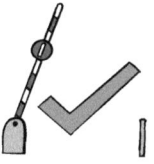

okay
oké

Bună!
hei

interpret
panarjamah

mulțumesc
hatur nuhun

călătorie - lalampahan

Cât costă...?
sabaraha hargana...?

Nu înțeleg
abdi teu ngartos

problemă
masalah

Bună seara!
Wilujeng wengi!

Bună dimineața!
Wilujeng siang!

Noapte bună!
Wilujeng wengi!

la revedere
mugi patepang deui

direcție
arah

bagaj
bagasi

geantă
kantong

rucsac
ransel

oaspete
tamu

cameră
rohang

sac de dormit
kantong saré

cort
tenda

călătorie - lalampahan

punct de informare turistică

informasi wisata

plajă

pantai

carte de credit

kartu krédit

mic dejun

sarapan

masa de prânz

dahar beurang

cină

dahar peuting

bilet de călătorie

tikét

lift

lift

timbru poștal

perangko

graniță

wates

vamă

cukai

ambasadă

kedutaan

viză

visa

pașaport

paspor

călătorie - lalampahan

transport
transportasi

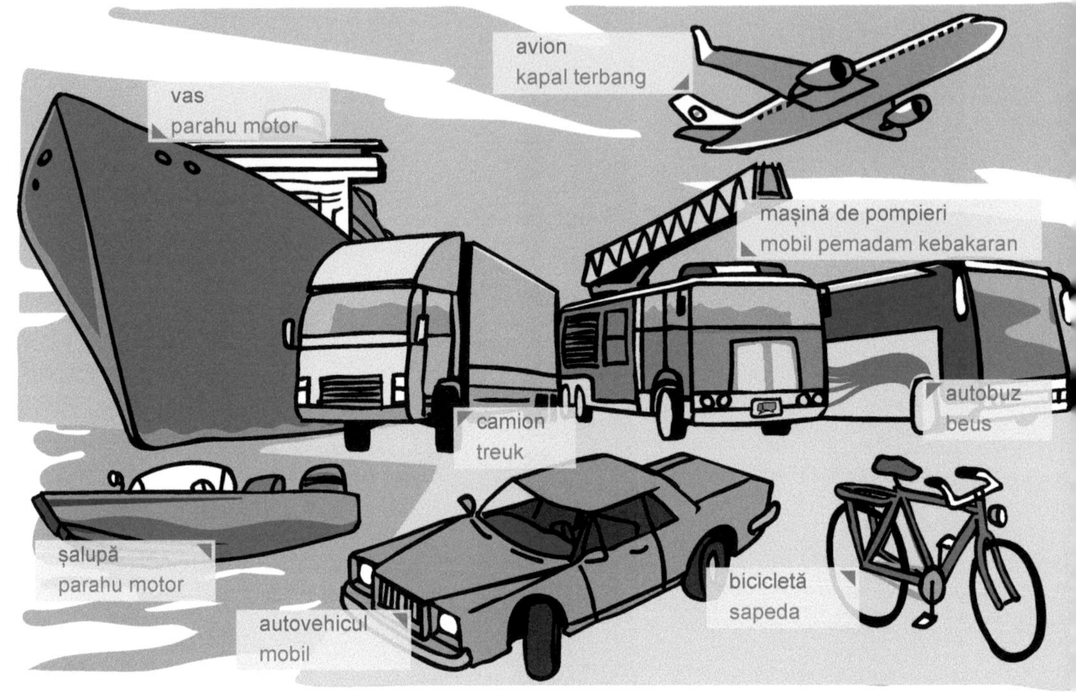

avion
kapal terbang

vas
parahu motor

mașină de pompieri
mobil pemadam kebakaran

autobuz
beus

camion
treuk

șalupă
parahu motor

autovehicul
mobil

bicicletă
sapeda

feribot
kapal féri

barcă
parahu

motocicletă
sapeda motor

mașină de poliție
mobil pulisi

mașină de curse
mobil balap

mașină închiriată
mobil nyéwa

car sharing
mobil babarengan

mașină de tractat
treuk dérék

mașină de gunoi
treuk runtah

motor
motor

combustibil
bahan bakar

benzinărie
bénsin

semn de circulație
tanda lalulintas

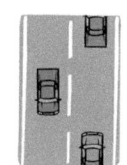

trafic
lalulintas

ambuteiaj
macét

parcare
parkir mobil

gară
stasiun karéta

șine
trék

tren
karéta api

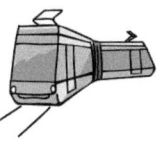

tramvai
tram

vagon
garobag

transport - transportasi

elicopter
hélikopter

aeroport
bandara

turn
munara

pasager
panumpang

container
konténer

carton
karton

căruță
troli

coș
karanjang

a decola/a ateriza
terbang / landas

oraș
kota

sat
kampung

centru
tengah kota

casă
imah

10 oraș - kota

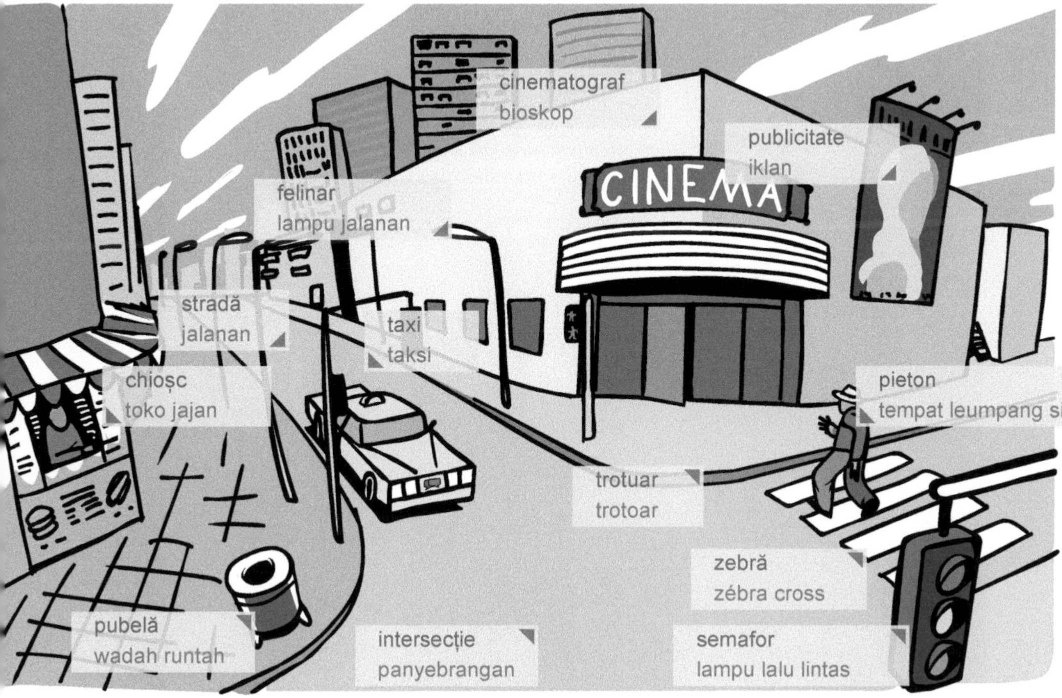

cinematograf / bioskop
publicitate / iklan
felinar / lampu jalanan
stradă / jalanan
taxi / taksi
chioșc / toko jajan
pieton / tempat leumpang sis[...]
trotuar / trotoar
zebră / zébra cross
pubelă / wadah runtah
intersecție / panyebrangan
semafor / lampu lalu lintas

cabană
gubuk

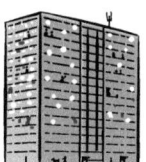

apartament
imah flat

gară
stasiun karéta

primărie
balai kota

muzeu
museum

școală
sakola

oraș - kota

universitate

univérsitas

bancă

bank

spital

rumah sakit

hotel

hotél

farmacie

farmasi

birou

kantor

librărie

toko buku

magazin

toko

florărie

toko kembang

supermarket

supermarkét

piață

pasar

magazin universal

swalayan

comerciant de pește

nalayan

centru comercial

pusat balanja

port

palabuan

parc
kebon

bancă
korsi

pod
sasak

trepte
tangga

metrou
kareta bawah tanah

tunel
torowongan

stație de autobuz
halte beus

bar
bar

restaurant
restoran

cutie poștală
kotak surat

tăbliță indicatoare cu
numele străzii
tanda jalan

parcometru
meteran parkir

grădină zoologică
kebon binatang

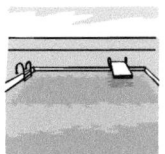

piscină
kolam renang

moschee
masigit

gospodărie țărănească
pertanian

poluare
polusi

cimitir
kuburan

biserică
gareja

loc de joacă
tempat ulin

templu
pura

peisaj
pamandangan

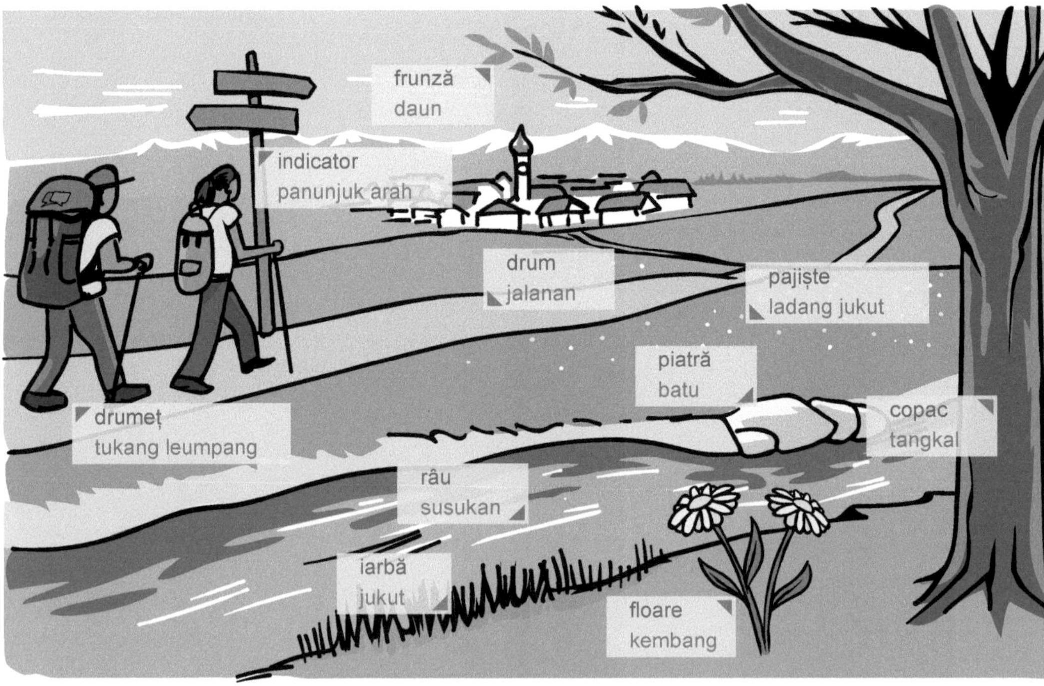

- frunză / daun
- indicator / panunjuk arah
- drum / jalanan
- pajiște / ladang jukut
- piatră / batu
- copac / tangkal
- drumeț / tukang leumpang
- râu / susukan
- iarbă / jukut
- floare / kembang

peisaj - pamandangan

vale
lengkob

deal
bukit

lac
tasik

pădure
leuweung

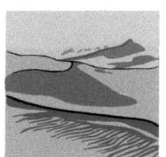

deșert
gurun

vulcan
gunung marapi

castel
karaton

curcubeu
katumbiri

ciupercă
suung

palmier
tangkal palem

țânțar
reungit

muscă
laleur

furnică
sireum

albină
nyiruan

păianjen
lamat lancah

peisaj - pamandangan

gândac
nyiruan

broască
bangkong

veveriță
bajing

arici
landak

iepure
kalinci

bufniță
bueuk

pasăre
manuk

lebădă
soang

porc mistreț
bagong

cerb
kijang

elan
kijang

dig
bendungan

turbină eoliană
turbin angin

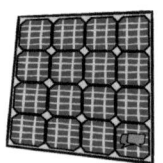

panou solar
panél surya

climă
iklim

peisaj - pamandangan

restaurant
restoran

chelnăr
badega

meniu
menu

scaun
korsi

supă
sop

pizza
pitsa

față de masă
taplak

tacâmuri
parkakas dahar

antreu
hidangan pembuka

fel principal
hidapan utama

desert
hidangan penutup

băuturi
inuman

mâncare
dahareun

sticlă
botol

fastfood
dahareun cepat saji

streetfood
jajanan sisi jalan

ceainic
téko téh

zaharniță
wadah gula

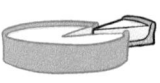

porție
porsi

espressor
mesin éspréso

scaun înalt (pentru copii)
korsi jangkung

factură
tagihan

tavă
baki

cuțit
péso

furculiță
garpu

lingură
séndok

linguriță
séndok téh

șervețel
serbét

pahar
gelas

restaurant - restoran

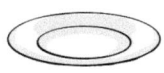

farfurie
piring

farfurie de supă
mangkok sop

farfurie
pisin

sos
saos

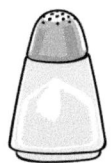

solniță
wadah uyah

râșniță de piper
panggiling pedes

oțet
cuka

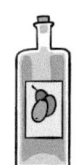

ulei
minyak

condimente
bumbu

ketchup
saos tomat

muștar
mustard

maioneză
mayonés

supermarket
supermarkét

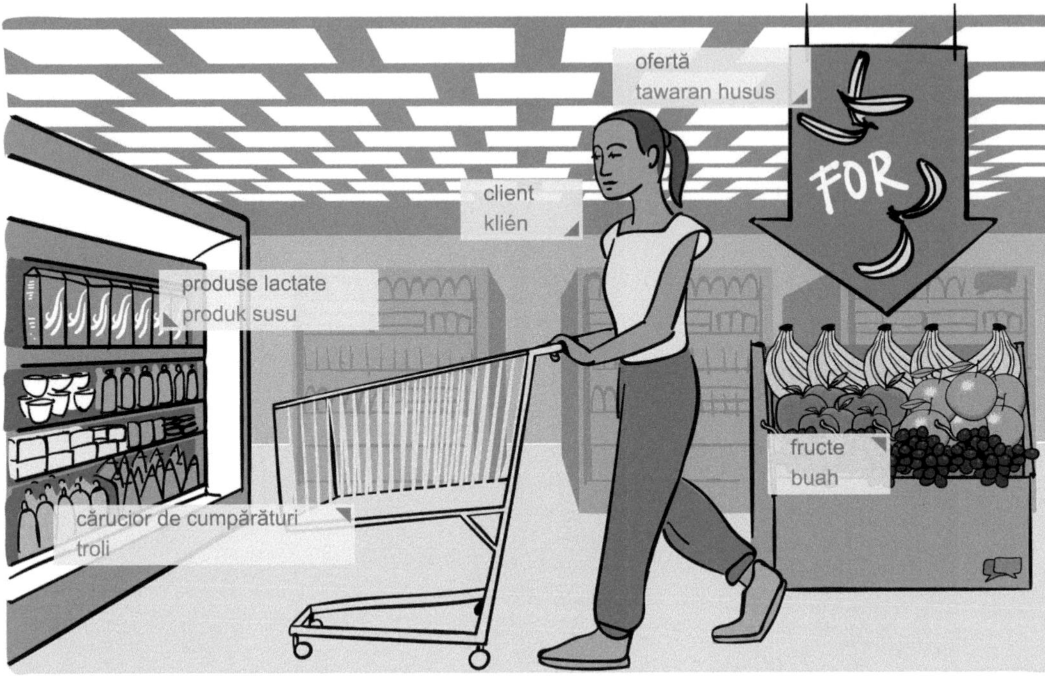

ofertă
tawaran husus
FOR
client
klién
produse lactate
produk susu
fructe
buah
cărucior de cumpărături
troli

BUTCHERS

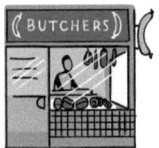

măcelărie

tukang meuncit

BAKERY

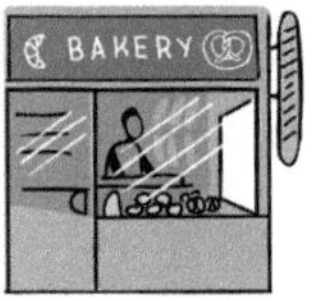

brutărie

toko roti

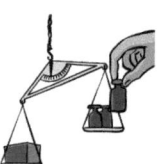

a cântări

nimbang

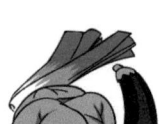

legume

sayur

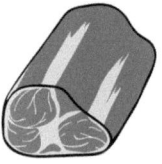

carne

daging

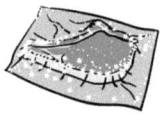

alimente refrigerate

tuangeun beku

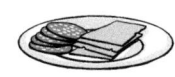  

mezeluri și brânzeturi feliate	conserve	detergent
alat potong daging	dahareun kaléng	sabun serbuk

dulciuri	articole de menaj	produse de curățenie
permén	perkakas rumah tangga	produk pembersih

vânzătoare	casă	casier
tukang jualan	kasa	kasir

listă de cumpărături	orar	portmoneu
daftar balanja	jam buka	dompét

carte de credit	geantă	pungă de plastic
kartu krédit	kantong	kantong palastik

supermarket - supermarkét

băuturi
inuman

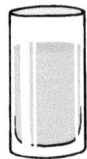
apă
cai

suc
jus

lapte
susu

cola
kola

vin
anggur

bere
arak

alcool
arak

cacao
coklat

ceai
téh

cafea
kopi

espresso
éspréso

cappucino
kapucino

mâncare
dahareun

banane
pisang

măr
apel

portocală
jeruk

pepene
samangka

lămâie
lémon

morcov
wortel

usturoi
bawang bodas

bambus
awi

ceapă
bawang bombai

ciupercă
suung

nuci
suuk

paste făinoase
emih

spagheti — spagéti

orez — sangu

salată — salat

cartofi prăjiți — kentang goréng

cartofi țărănești — kentang goréng

pizza — pitsa

hamburger — hamburger

sandwich — roti lapis

șnițel — sakeureut daging

șuncă — ham

salam — salami

cârnați — sosis

pui — hayam

friptură — ngagoreng

pește — lauk

fulgi de ovăz
bubur gandum

musli
séréal

cereale
cornflakes

făină
tarigu

corn
croissant

chifle
roti

pâine
roti

pâine prăjită
roti panggang

biscuiți
biskuit

unt
mantéga

brânză de vaci
dadih

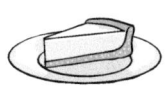

prăjitură
kuéh

ou
endog

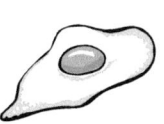

ouă ochiuri
goréng endog

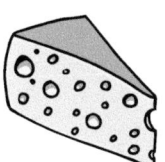

brânză
keju

mâncare - dahareun

înghețată
eskrim

zahăr
gula

miere
madu

marmeladă
selé

cremă nuga
krim coklat

curry
karé

mâncare - dahareun

gospodărie țărănească
pertanian

casă țărănească
imah anjing

șură
lumbuh

balot de paie
balé jamari

câmp
lapangan

cal
kuda

remorcă
karéta gandéng

mânz
belo

tractor
traktor

măgar
kaldé

oaie
domba

miel
domba

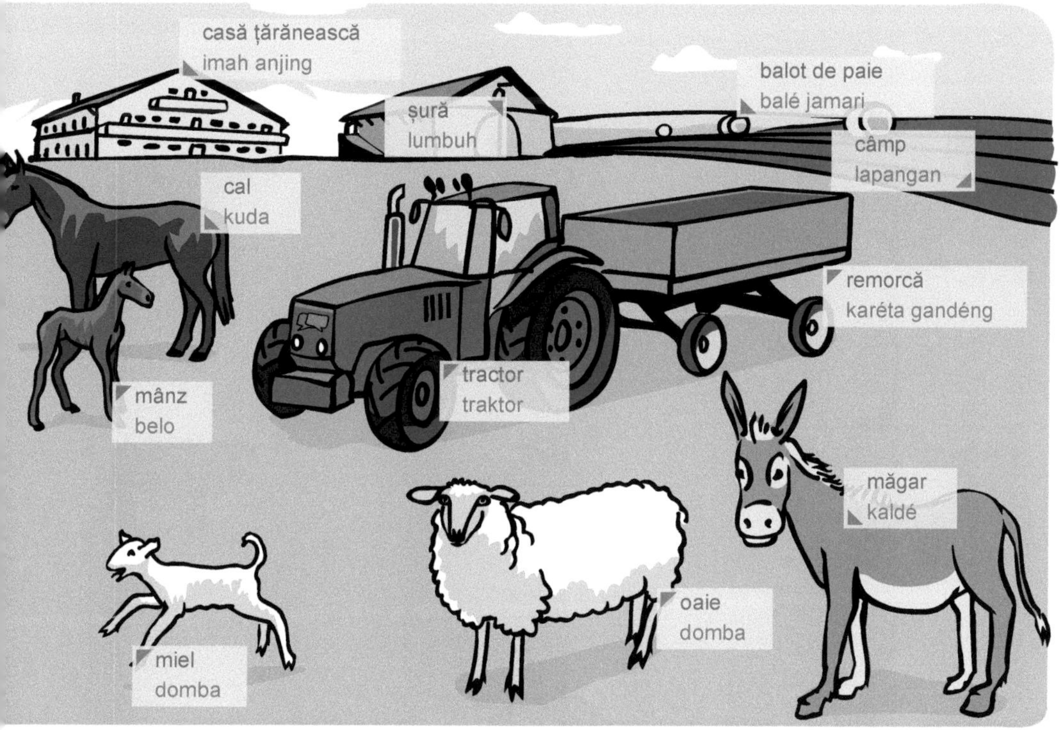

capră

embé

vacă

sapi

vițel

bitis

porc

bagong

purcel

babi

taur

banténg

gospodărie țărănească - pertanian

găină
soang

rață
éntog

pui
pitik

găină
hayam

cocoș
hayam jago

șobolan
beurit

pisică
ucing

șoarece
beurit

bou
sapi

câine
anjing

cușcă
imah anjing

furtun de grădină
selang

stropitoare
kaléng nyiram

coasă
arit panjang

plug
ngabajak

gospodărie țărănească - pertanian

seceră
arit

sapă
pacul

furcă
garpuh jukut

secure
kapak

roabă
gorobah

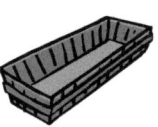

troacă
palung

cană pentru lapte
kaléng susu

sac
karung

gard
pager

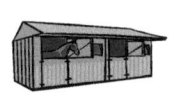

grajd
kandang

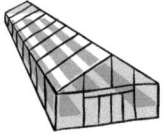

seră
imah kaca

sol
taneuh

sămânță
benih

fertilizator
pupuk

combină de treierat
mesin permén

gospodărie țărănească - pertanian

a culege
panén

recoltă
panén

cartof yam
yams

grâu
gandum

soia
kedelé

cartof
kentang

porumb
jagong

rapiță
lobak

pom fructifer
tangkal buah

manioc
sampeu

cereale
séréal

casă
imah

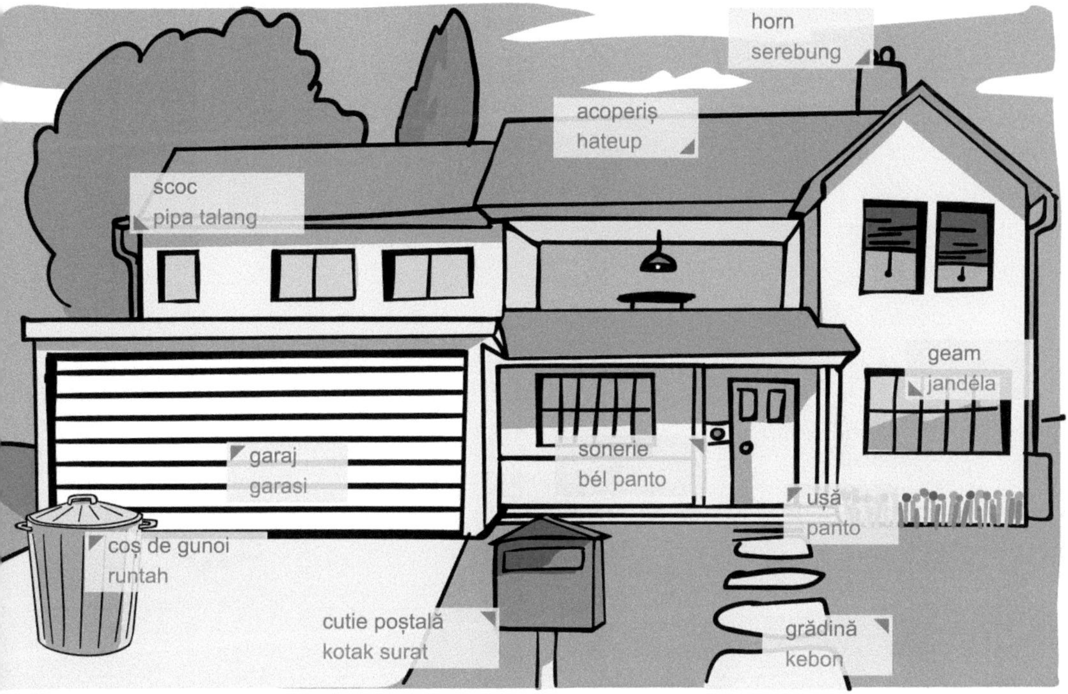

horn
serebung

acoperiș
hateup

scoc
pipa talang

geam
jandéla

garaj
garasi

sonerie
bél panto

ușă
panto

coș de gunoi
runtah

cutie poștală
kotak surat

grădină
kebon

cameră de zi
rohang tamu

baie
kamar ibak

bucătărie
dapur

dormitor
pangkéng

camera copiilor
kamar budak

sufragerie
kamar makan

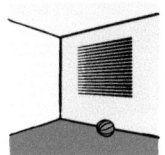

podea
téhel

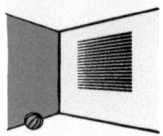

perete
tembok

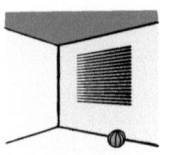

tavan
hateup

pivniță
gudang di handap imah

saună
sauna

balcon
balkon

terasă
tepas

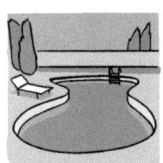

piscină
kolam renang

mașină de tuns iarba
mesin pamotong jukut

cearșaf
sepré

cuvertură
simbut

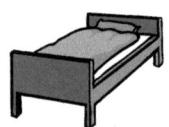

pat
ranjang

mătură
sapu

găleată
émbér

întrerupător
tombol

casă - imah

cameră de zi
rohang tamu

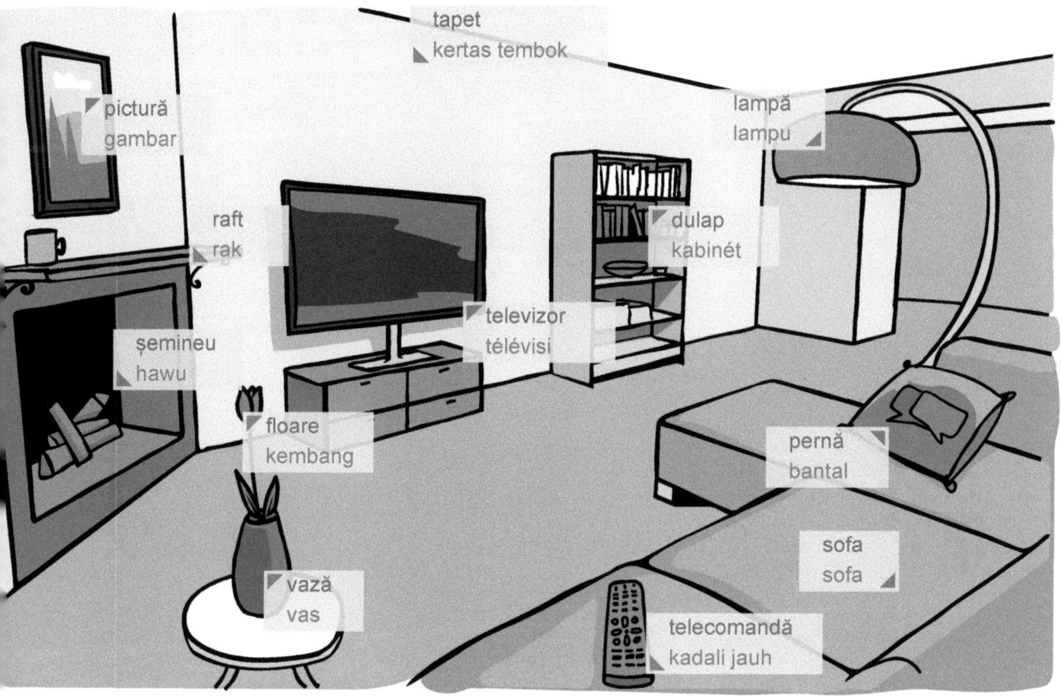

- tapet / kertas tembok
- pictură / gambar
- lampă / lampu
- raft / rak
- dulap / kabinét
- șemineu / hawu
- televizor / télévisi
- floare / kembang
- pernă / bantal
- sofa / sofa
- vază / vas
- telecomandă / kadali jauh

covor

karpét

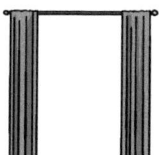

perdea

hordéng

masă

meja

scaun

korsi

balansoar

korsi goyang

fotoliu

korsi malas

carte
buku

pătură
simbut

decoraţiune
dékorasi

lemn de foc
suluh

film
pilem

instalaţie stereo
hi-fi

cheie
konci

ziar
surat kabar

desen
lukisan

poster
poster

radio
radio

caiet de notiţe
buku tulis

aspirator
panyedot kebul

cactus
kaktus

lumânare
lilin

cameră de zi - rohang tamu

bucătărie
dapur

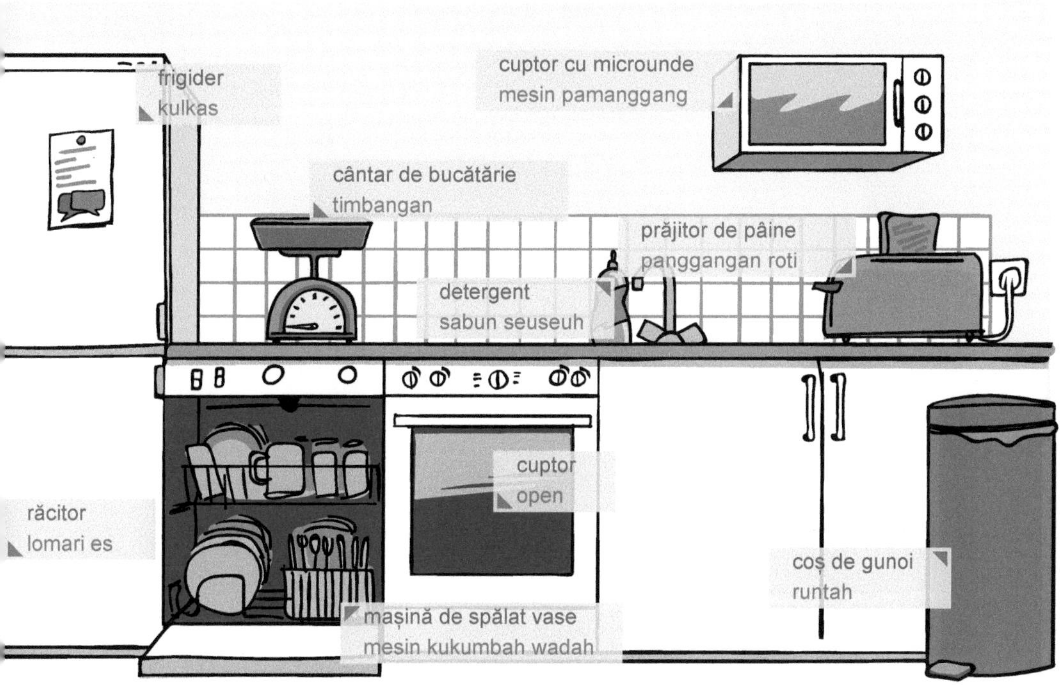

- frigider / kulkas
- cuptor cu microunde / mesin pamanggang
- cântar de bucătărie / timbangan
- prăjitor de pâine / panggangan roti
- detergent / sabun seuseuh
- cuptor / open
- răcitor / lomari es
- coș de gunoi / runtah
- mașină de spălat vase / mesin kukumbah wadah

cuptor
kompor

oală
panci

oală de metal
panci beusi

wok/kadai
katél

tigaie
panci

ceainic
citél

bucătărie - dapur

oală de gătit cu aburi

langseng

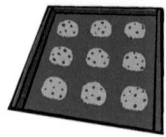

tavă de copt

baki

veselă

piring

pahar

cangkir

bol

mangkok

bețișoare

sumpit

polonic

sendok sop

spatulă

sérok

tel

pangocok

sită

ayakan

sită

saringan

răzătoare

parutan

mojar

mortar

grătar

daging bakar

loc pentru grătar

suluh

tocător

papan pamotong

sucitor

gilingan

tirbușon

alat pambuka tutup botol

conservă

kaléng

deschizător de conserve

pambuka kaléng

șervete termice

gagang panci

chiuvetă

tilelep

perie

sikat

burete

busa

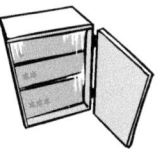

mixer

blénder

ladă frigorifică

lomari es

biberon

botol orok

robinet

keran

bucătărie - dapur

baie
kamar ibak

încălzire / mesin pamanas
duș / ibak
prosop / anduk
perdea de duș / hordeng kamar ibak
baie cu spumă / mandi busa
cadă / bak mandi
mașină de spălat / mesin cuci
pahar / gelas
robinet / keran
gresie / téhel
oală de noapte / pispot
chiuvetă / tilelep

toaletă
jamban

toaletă turcească
cubluk

bideu
bidét

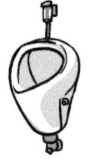

pisoir
urinal

hârtie igienică
kertas jamban

perie de toaletă
sikat jamban

periuță de dinți

sikat huntu

pastă de dinți

odol

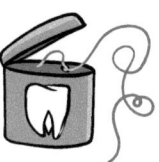

ață dentară

benang gigi

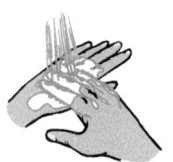

a spăla

nyeuseuh

cap de duș

kokocoran leungeun

duș intim

kukucuran

lavoar

bak

perie pentru spate

panyikat tonggong

săpun

sabun

gel de duș

gel ibak

șampon

sampo

cârpă de spălat

planél

scurgere

nguras

cremă

krim

deodorant

déodoran

baie - kamar ibak

oglindă
eunteung

oglindă cosmetică
eunteung leungeun

aparat de ras
péso cukur

spumă de ras
busa cukur

aftershave
krim cukur

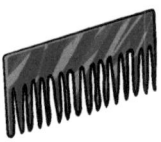
pieptene
sisir

perie
sikat

uscător de păr
alat panggaring rambut

fixator
semprotan rambut

machiaj
pangrias beungeut

ruj
lipstik

lac de unghii
cét kuku

vată
kapas

foarfece de unghii
gunting kuku

parfum
minyak seungit

baie - kamar ibak

neseser
kantong seuseuh

taburet
bangku

cântar
timbangan

halat de baie
baju mandi

mănuși de cauciuc
sarung tangan karét

tampon
sampon

tampon
handuk pembalut

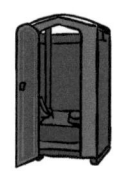

toaletă chimică
jamban kimia

camera copiilor
kamar budak

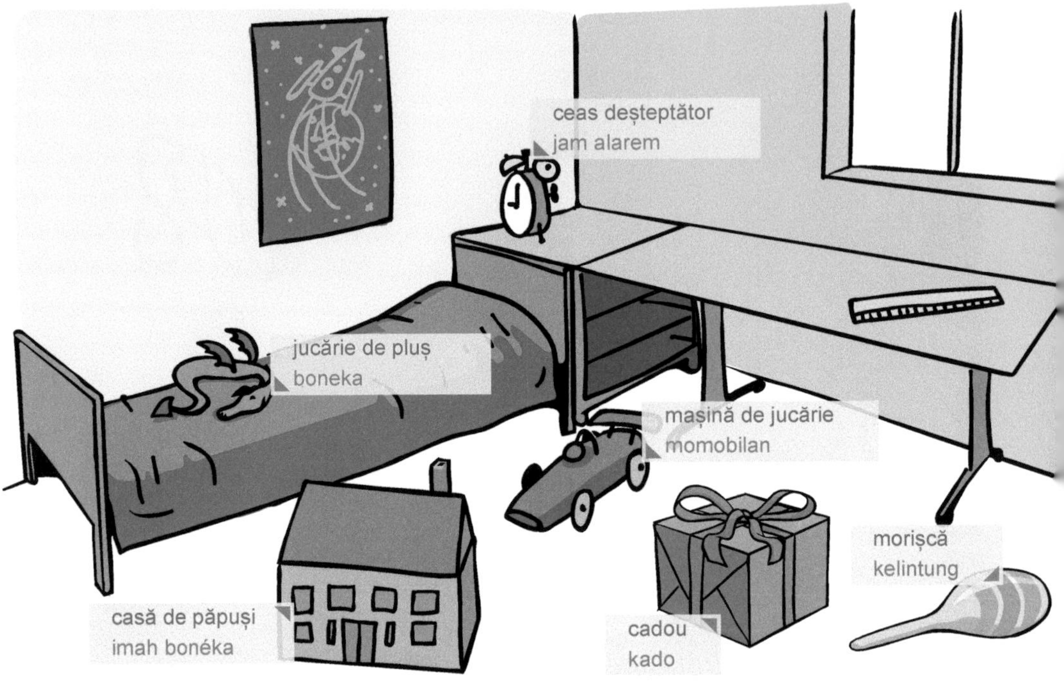

ceas deșteptător
jam alarem

jucărie de pluș
boneka

mașină de jucărie
momobilan

casă de păpuși
imah bonéka

cadou
kado

morișcă
kelintung

balon
balon

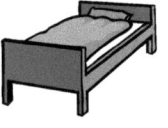

pat
ranjang

cărucior de copii
karéta orok

joc de cărți
kartu

puzzle
tatarucingan

revistă de benzi desenate
komik

cuburi lego
kaulinan lego

piese pentru construcții
kaulinan bentuk blok

personaj din filmele de acțiune
figur tokoh

body
baju budak

frisbee
frisbee

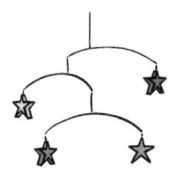

mobil
mobile

joc de societate
papan gim

zar
dadu

set trenuleț de jucărie
set model kareta api

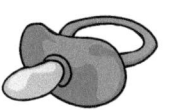

suzetă
endot

petrecere
pihak

carte cu poze
buku gambar

minge
bal

păpușă
bonéka

a se juca
ulin

camera copiilor - kamar budak

groapă de nisip
wadah pasir maénan

leagăn
ayunan

jucării
kaulinan

consolă video
video gim konsol

tricicletă
sapedah roda tilu

ursuleț
bonéka beruang

dulap
lomari baju

îmbrăcăminte
acuk

șosete
kaos kaki

ciorapi
kaos kaki

dres
baju ketat

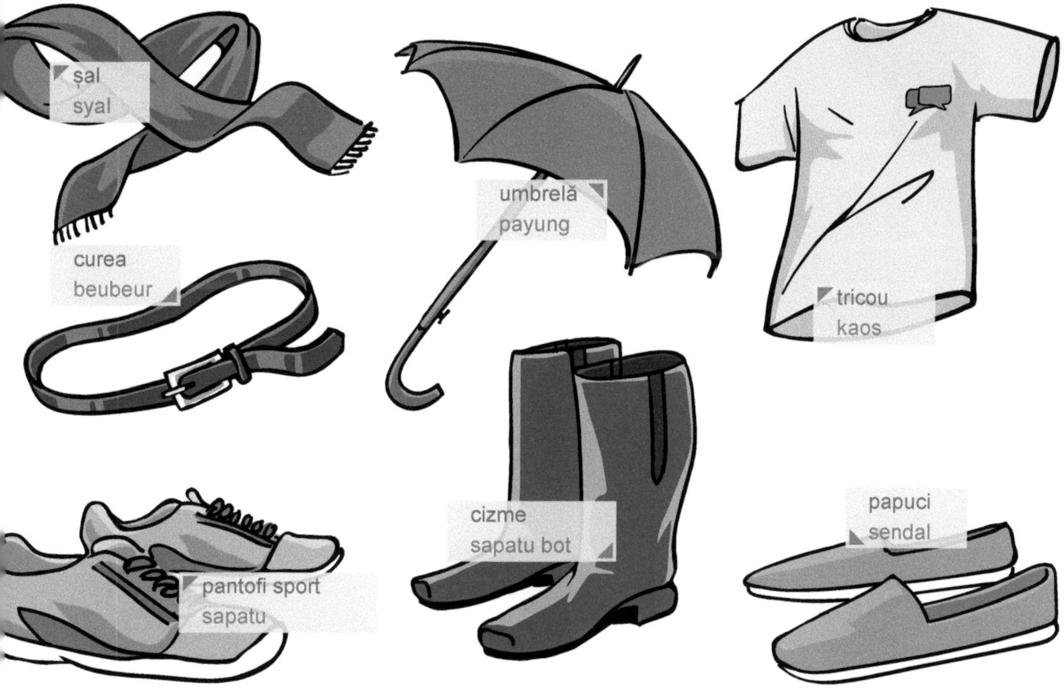

șal
syal

umbrelă
payung

tricou
kaos

curea
beubeur

cizme
sapatu bot

papuci
sendal

pantofi sport
sapatu

sandale
sendal

încălțăminte
sapatu

cizme de cauciuc
sapatu bot karét

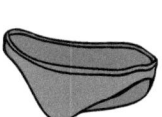

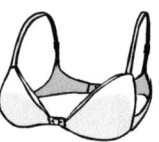

chilot
cangcut

sutien
kutang

maiou
baju rompi

îmbrăcăminte - acuk

body
awak

pantaloni
calana

blugi
jins

fustă
rok

bluză
blus

cămașă
kaméja

pulover
jakét tiung

jerseu
baju haneut

sacou
jakét

jachetă
jakét

palton
jakét

pelerină de ploaie
jas hujan

costum
kostum

rochie
gaun

rochie de mireasă
gaun pangantén

costum

baju resmi

cămașă de noapte

baju saré

pijama

piyama

sari

sari

batic

tiung

turban

turban

burka

burka

caftan

kaftan

abaya

abaya

costum de baie

baju renang

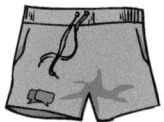

șort

calana renang

pantaloni scurți

calana péndék

trening

orang raga

șorț

celemék

mănuși

sarung tangan

îmbrăcăminte - acuk

nasture

kancing

ochelari

kaca soca

brățară

gelang

lanț

kongkorong

inel

ali

cercel

giwang

căciulă

topi

umeraș

gantungan jakét

pălărie

topi

cravată

dasi

fermoar

risléting

cască

hélem

bretele

tali salémpang

uniformă școlară

saragam sakola

uniformă

saragam

îmbrăcăminte - acuk

bavețică
apron orok

suzetă
endot

scutec
popok

birou
kantor

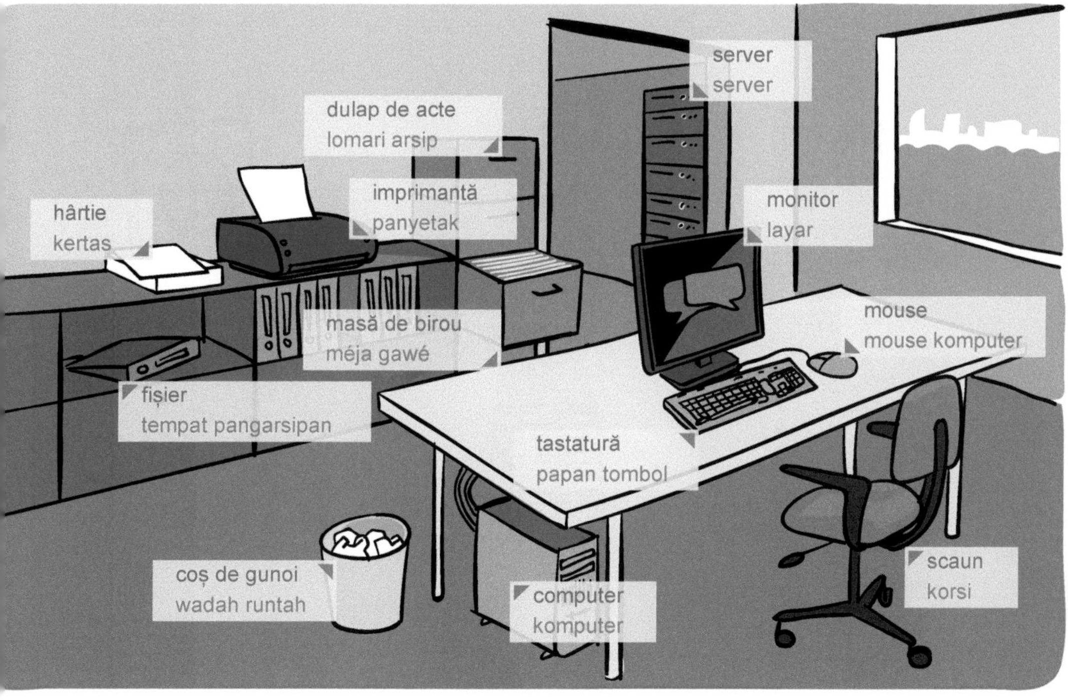

hârtie
kertas

dulap de acte
lomari arsip

imprimantă
panyetak

server
server

monitor
layar

masă de birou
méja gawé

mouse
mouse komputer

fișier
tempat pangarsipan

tastatură
papan tombol

coș de gunoi
wadah runtah

computer
komputer

scaun
korsi

ceașcă de cafea
cangkir kopi

calculator
kalkulator

internet
internét

laptop
laptop

scrisoare
surat

mesaj
pesen

telefon mobil
telpon sélulér

rețea
jaringan

copiator
fotokopi

software
software

telefon
telpon

priză
plug sokét

fax
mesin fax

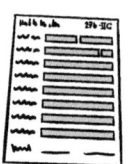

formular
formulir

document
dokumén

economie
ékonomi

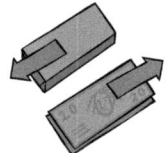

a cumpăra
mésér

a plăti
mayar

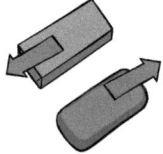

a face comerț
dagang

bani
artos

Dolar
dollar

Euro
euro

Yen
yen

Rublă
rubel

Franc Elvețian
Franc swiss

renminbi yuan
renminbi yuan

Rupie
rupiah

bancomat
ATM

casă de schimb valutar
kantor pertukaran mata uang

aur
emas

argint
pérak

petrol
minyak

energie
énérgi

preț
harga

contract
kontrak

impozit
pajak

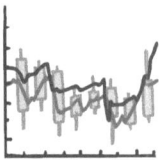
acțiune
saham

a munci
gawé

angajat
karyawan

angajator
dunungan

fabrică
pabril

magazin
toko

economie - ékonomi

ocupații
pagawéan

polițist
petugas pulisi

pompier
pemadam kebakaran

bucătar
koki

medic
dokter

pilot
pilot

grădinar
tukan kebon

tâmplar
tukang kai

cusătoreasă
tukang jait awéwé

judecător
hakim

chimist
ahli kimia

actor
aktor

șofer de autobuz
sopir beus

șofer de taxi
sopir taksi

pescar
nalayan

femeie de serviciu
pembantu

tinichigiu
tukang hateup

chelnăr
badega

vânător
tukang muru

pictor
pelukis

brutar
tukang roti

electrician
tukang listrik

muncitor în construcții
tukang bangun

inginer
insinyur

măcelar
tukang daging

instalator
tukang pipa

poștaș
tukang pos

soldat
tentara

arhitect
arsiték

casier
kasir

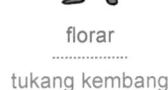
florar
tukang kembang

frizer
tukang salon

controlor
konduktor

mecanic
tukang méngkél

căpitan
kaptén

stomatolog
dokter gigi

om de știință
ilmuwan

rabin
rabbi

imam
imam

călugăr
biarawan

preot
pendéta

ocupații - pagawéan

instrumente
alat

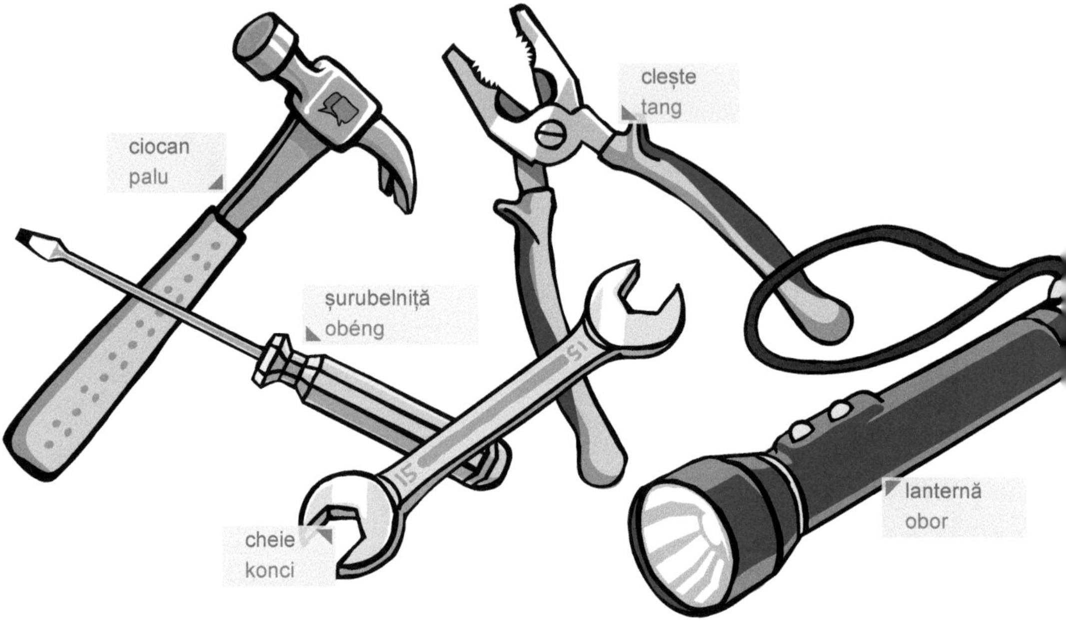

ciocan
palu

cleşte
tang

şurubelniţă
obéng

cheie
konci

lanternă
obor

excavator

panggali

cutie de scule

kantong parkakas

scară

tangga

ferăstrău

ragaji

cuie

paku

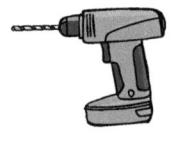

burghiu

bor

a repara
ngabenerkeun

lopată
sekop

La naiba!
Kéhéd!

făraș
pengki

vas pentru vopsea
pot cét

șuruburi
sekrup bor

instrumente muzicale
alat musik

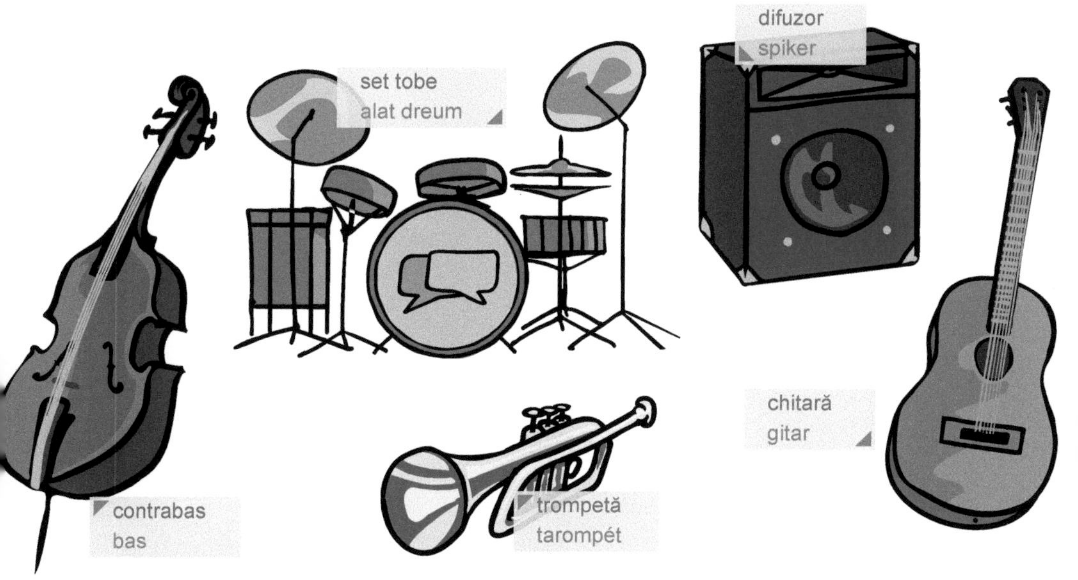

- set tobe / alat dreum
- difuzor / spiker
- chitară / gitar
- contrabas / bas
- trompetă / tarompét

pian
piano

vioară
violin

bas
bas

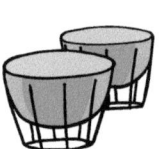

trombon
tambur

tobă
dreum

keyboard
keyboard

saxofon
saksofon

fluier
suling

microfon
mikrofon

instrumente muzicale - alat musik

grădină zoologică
kebon binatang

- intrare / panto asup
- tigru / maung
- cușcă / kandang
- zebră / sebra
- mâncare pentru animale / parab
- panda / panda

animale
sato

elefant
gajah

cangur
kanguru

rinocer
badak

gorilă
gorila

urs
biruang

cămilă

onta

struț

manuk onta

leu

singa

maimuță

monyét

flamingo

flamingo

papagal

manuk béo

urs polar

biruang polar

pinguin

penguin

rechin

hiu

păun

merak

șarpe

oray

crocodil

buaya

îngrijitor grădina zoologică

tukang jaga kebon binatang

focă

anjing laut

jaguar

jaguar

grădină zoologică - kebon binatang

ponei
kuda poni

leopard
macan tutul

hipopotam
kuda nil

girafă
jerapah

acvilă
heulang

porc mistreț
bagong

pește
lauk

broască țestoasă
kuya

morsă
anjing laut

vulpe
robah

gazelă
kijang

grădină zoologică - kebon binatang

sport
olahraga

fotbal american / sepak bola Amérika
ciclism / sasapédahan
tenis / ténis
basketball / baskét
înot / renang
box / tinju
hockey pe gheață / hoki és

fotbal / sépak bola
badminton / badminton
atletism / atletik

handbal / bola tangan
schi / ski
polo / polo

activități
aktivitas

a scrie	a desena	a arăta
nyerat / nulis	ngalukis	ningalikeun

a împinge	a da	a lua
ngadorong	méré	mawa

a avea
boga

a face
ngalakukeun

a fi
nya éta

a sta în picioare
tatih

a fugi
lumpat

a trage
narik

a arunca
malédog

a cădea
ragrag

a sta întins
saré

a aștepta
nungguan

a purta
nyandak

a ședea
diuk

a se îmbrăca
anggé acuk

a dormi
saré

a se trezi
hudang

activități - aktivitas

a privi

ningali

a plânge

méwék

a mângâia

ngusapan

a se pieptăna

nyisir

a vorbi

nyarita

a înțelege

ngarti

a întreba

naros

a asculta

ngadéngé

a bea

nginum

a mânca

dahar

a face ordine

bébérés

a iubi

bogoh

a găti

masak

a conduce

nyetir

a zbura

hiber

activități - aktivitas

a naviga
balayar

a calcula
ngitung

a citi
maca

a învăța
diajar

a munci
gawé

a se căsători
kawin

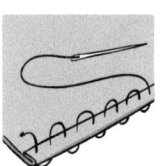

a coase
ngajait

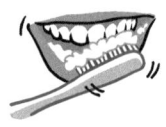

a se spăla pe dinți
sikat huntu

a ucide
maéhan

a fuma
ngarokok

a trimite
ngirim

activități - aktivitas

familie
kulawarga

bunică / nini
bunic / aki
tată / bapak
mamă / emak
bebeluș / orok
soră / budak awéwé
fiu / budak lalaki

oaspete
tamu

mătușă
bibi

unchi
emang

frate
aa

soră
tétéh

corp
awak

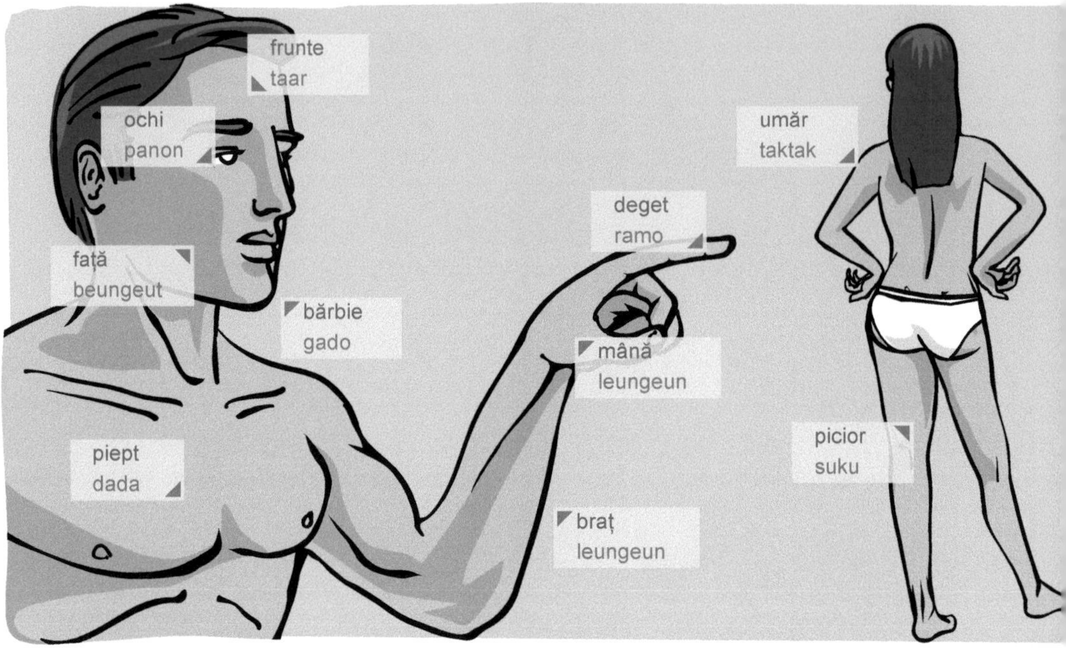

frunte / taar		
ochi / panon	umăr / taktak	
față / beungeut	deget / ramo	
bărbie / gado	mână / leungeun	
piept / dada	picior / suku	
	braț / leungeun	

bebeluș
orok

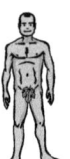

bărbat
lalaki

femeie
awéwé

fată
awéwé

băiat
lalaki

cap
sirah

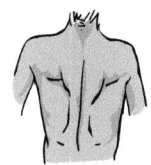
spate
tonggong

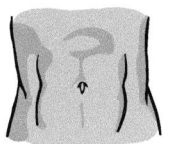
abdomen
beuteung

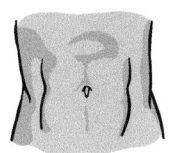
ombilic
bujal

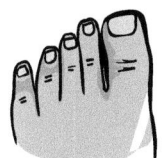
deget de la picior
jempol

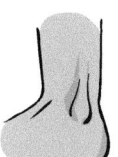
călcâi
keuneung

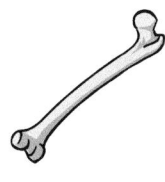
os
tulang

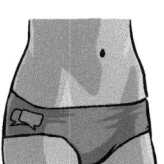
șold
cangkéng

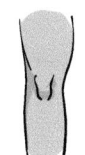
genunchi
tuur

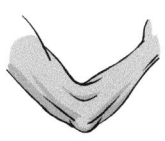
cot
sikut

nas
irung

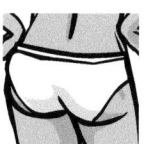
fund
bujur

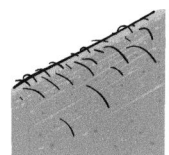
piele
kulit

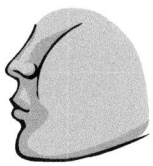
obraz
pipi

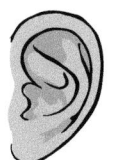
ureche
ceuli

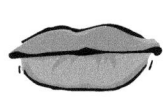
buză
biwir

gură
baham

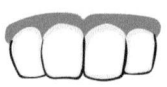

dinte
huntu

limbă
létah

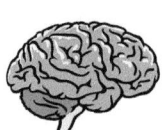

creier
uteuk

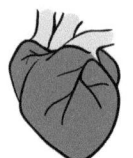

inimă
haté

muşchi
otot

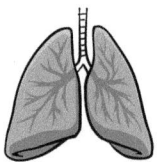

plămân
bayah

ficat
ati

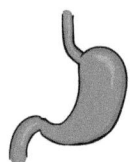

stomac
lambung

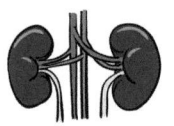

rinichi
ginjal

sex
sapatemon

prezervativ
kondom

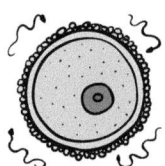

ovul
sél telur

spermă
spérma

sarcină
kakandungan

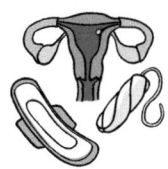 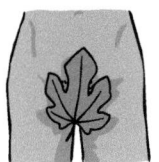 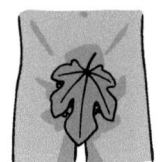

menstruație	vagin	penis
haid	heunceut	sirit

sprânceană	păr	gât
halis	buuk	beuheung

spital
rumah sakit

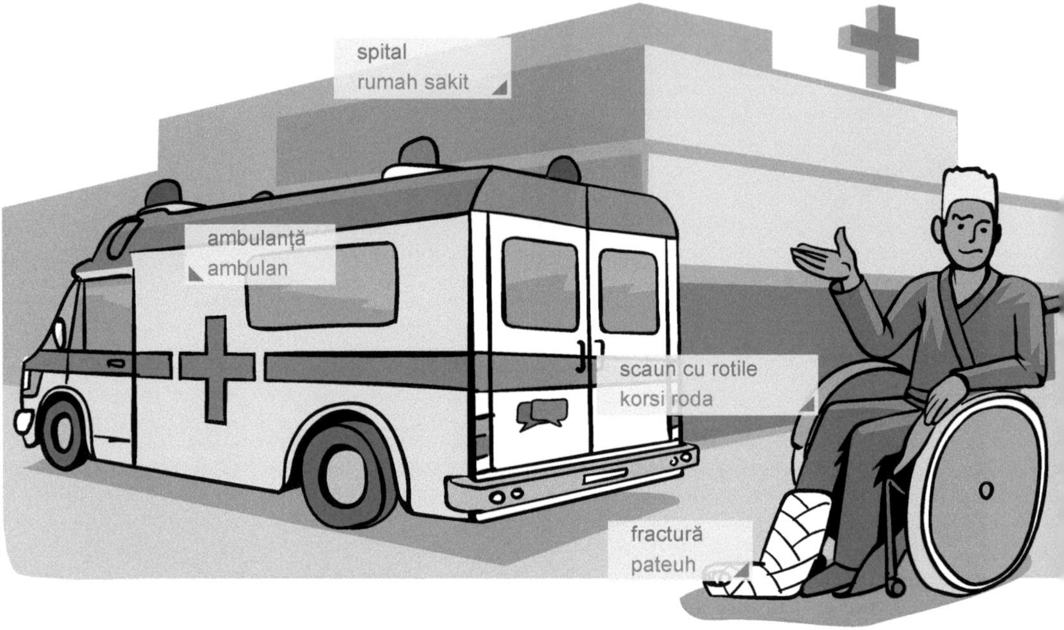

spital
rumah sakit

ambulanță
ambulan

scaun cu rotile
korsi roda

fractură
pateuh

medic
dokter

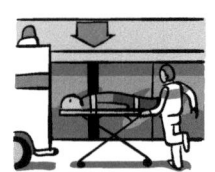

unitate de primiri urgențe

rohang darurat

soră medicală
parawat

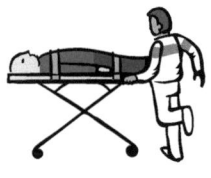

urgență
darurat

inconștient
pingsan

durere
nyeri

spital - rumah sakit

leziune
tatu

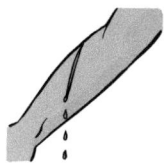

sângerare
ngaluarkeun getih

infarct miocardic
jantungan

atac cerebral
strok

alergie
alérgi

tuse
batuk

febră
muriang

gripă
salésma

diaree
birit

durere de cap
rieut

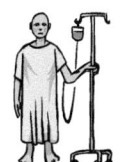

cancer
kanker

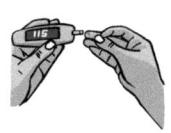

diabet
diabétés

chirurg
ahli bedah

scalpel
péso bedah

operație
operasi

spital - rumah sakit

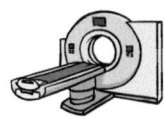

CT

CT

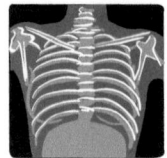

raze Röntgen

sinar x

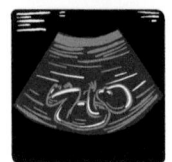

ultrasunet

usg

mască

topéng

boală

panyakit

sală de așteptare

rohang tunggu

cârjă

pangrojong

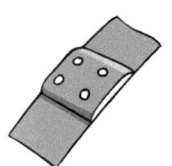

plasture

paléstér

bandaj

perban

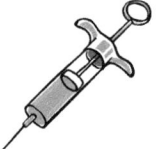

injecție

injéksi

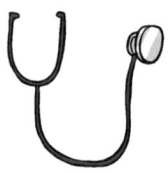

stetoscop

stétoskop

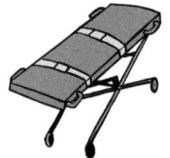

targă

tandu

termometru

termométer klinis

naștere

kalahiran

supraponderabilitate

obésitas

74 spital - rumah sakit

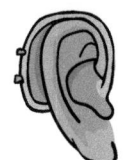

aparat auditiv

alat bantu dédéngéan

dezinfectant

désinféktan

infecție

inféksi

virus

virus

HIV/SIDA

HIV / AIDS

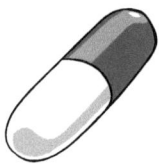

medicină

obat

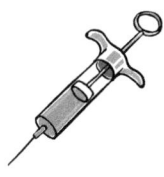

vaccin

vaksinasi

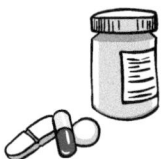

tablete

tablét

pastilă

pil

apel de urgență

panggilan darurat

aparat de măsurare a presiunii arteriale

ngukur ténsi

bolnav/sănătos

gering / séhat

spital - rumah sakit

urgență
darurat

Ajutor!
Tulung!

alarmă
alarem

agresiune
gangguan

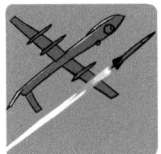

atac
narajang

pericol
bahaya

ieșire de urgență
panto darurat

Foc!
Seuneu!

extinctor
alat pemadam kabakaran

accident
kacilakaan

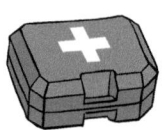

trusă de prim-ajutor
kotak P3K

SOS
SOS

poliție
pulisi

pământ
Bumi

Europa
Eropa

America de Nord
Amérika Utara

America de Sud
Amérika Selatan

Africa
Afrika

Asia
Asia

Australia
Australi

Altantic
Atlantik

Pacific
Pasifik

Oceanul Indian
Samudra Hindia

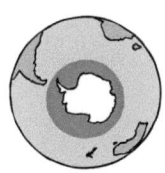
Oceanul Antarctic
Samudra Antartika

Oceanul Arctic
Samudra Arktik

Polul Nord
Kutub Utara

Polul Sud — Antarctica — pământ
Kutub Selatan — Antartika — Bumi

țară — mare — insulă
tanah — laut — pulau

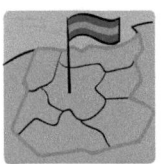 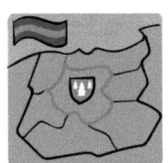

națiune — stat
bangsa — nagara

ceas
jam

cadran
jam wajah

orar
jarum péndék

minutar
jarum menit

secundar
jarum detik

Cât e ceasul?
Tabuh sabaraha?

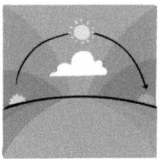

zi
poé

timp
waktos

acum
ayeuna

cead digital
jam digital

minut
menit

oră
jam

săptămână
minggu

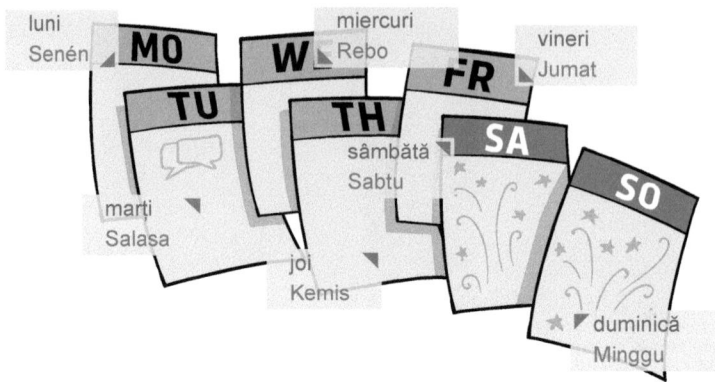

luni / Senén
marți / Salasa
miercuri / Rebo
joi / Kemis
vineri / Jumat
sâmbătă / Sabtu
duminică / Minggu

ieri
kamari

azi
dinten ayeuna

mâine
énjing

dimineață
énjing-énjing / isuk-isuk

amiază
siang

seară
peuting

zile lucrătoare
poé gawé

week-end
akhir minggu

an
taun

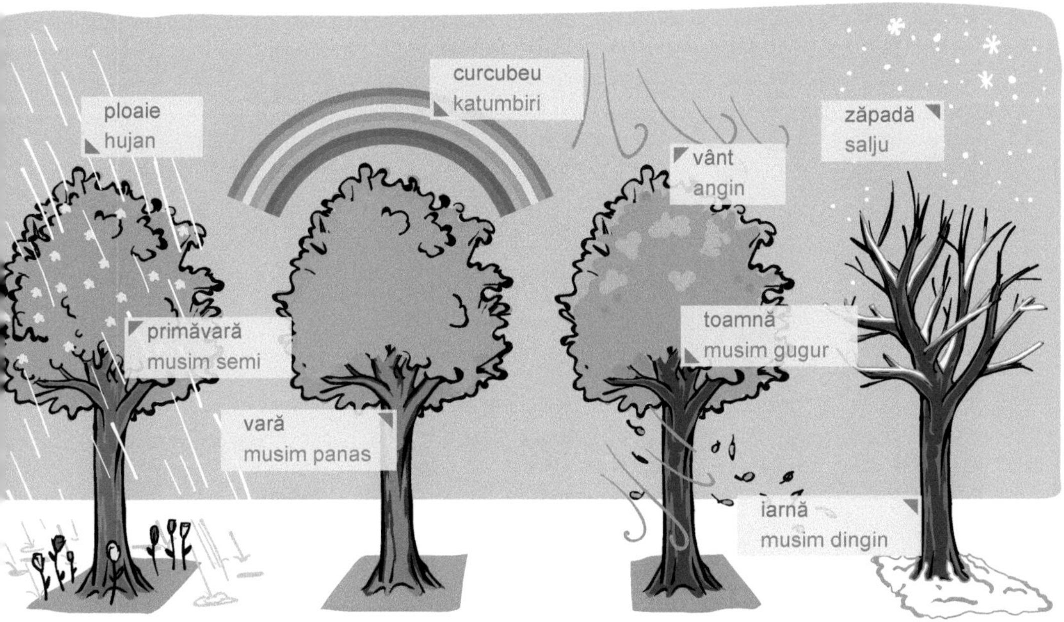

ploaie
hujan
curcubeu
katumbiri
vânt
angin
zăpadă
salju
primăvară
musim semi
vară
musim panas
toamnă
musim gugur
iarnă
musim dingin

4.APRIL 11°
5.APRIL 4°
6.APRIL 13°
7.APRIL 8°
8.APRIL 10°

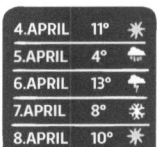

prognoză meteo
ramalan cuaca

F C
120 40
90 30
60 20
30 10
0 0
-30 -10
-20

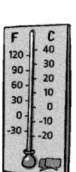

termometru
térmométer

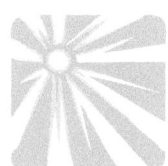

lumina soarelui
panon poé

nor
awan

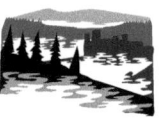

ceață
pepedut

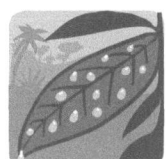

umiditate a aerului
kelembaban

fulger
gelap

tunet
guntur

furtună
badai

grindină
hujan és

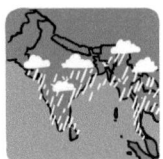

muson
angin muson

inundaţie
caah

gheaţă
és

ianuarie
Januari

februarie
Pébruari

martie
Maret

aprilie
April

mai
Mei

iunie
Juni

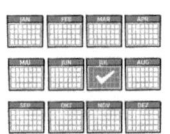

iulie
Juli

august
Agustus

an - taun

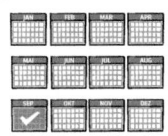
septembrie
Séptémber

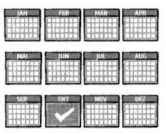
octombrie
Oktober

noiembrie
Nopémber

decembrie
Désémber

forme
bentuk

cerc
buleudan

pătrat
persegi

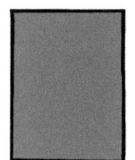
dreptunghi
persegi panjang

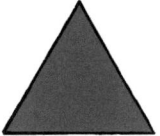
triunghi
segi tiga

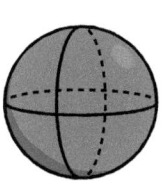
sferă
bola

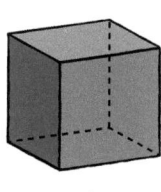
cub
kubus

culori
warna-warna

alb
bodas

galben
konéng

portocaliu
oranyeu

roz
kayas

roșu
beureum

violet
bungur

albastru
bulao

verde
héjo

maro
coklat

gri
abu-abu

negru
hideung

antonime
sabalikna

mult/puțin
loba / saeutik

furios/calm
ambek / kalem

frumos/urât
geulis / goreng

început/sfârșit
ngamimitian / réngsé

mare/mic
gedé / leutik

luminos/întunecat
caang / poék

frate/soră
dulur lalaki / dulur awéwé

curat/murdar
bersih / kotor

complet/incomplet
lengkep / teu lengkep

zi/noapte
poé / peuting

mort/viu
paéh / hirup

lat/strâmt
lega / heureut

comestibil/necomestibil

bisa didahar / teu bisa didahar

rău/prietenos

jahat / bageur

emoționat/plictisit

sumanget / bosen

gras/slab

badag / begang

primul/ultimul

kahiji / terakhir

prieten/inamic

baturan / musuh

plin/gol

pinuh / kosong

tare/moale

heuras / lemes

greu/ușor

beurat / hampang

foame/sete

kalaparan / haus

bolnav/sănătos

gering / séhat

ilegal/legal

ilegal / legal

inteligent/stupid

calakan / bodo

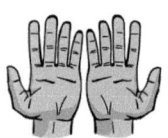

stânga/drepta

kénca / katuhu

aproape/departe

deukeut / jauh

nou/uzat
anyar / urut

nimic/ceva
euweuh nanaon / aya nanaon

bătrân/tânăr
kolot / ngora

pornit/oprit
hurung / pareum

deschis/închis
buka / tutup

încet/tare
jempé / gandéng

bogat/sărac
beunghar / sangsara

corect/fals
bener / salah

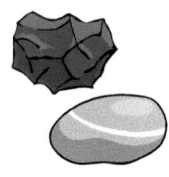

aspru/neted
kasar / lemes

trist/fericit
sedih / gumbira

lung/scurt
pendék / panjang

încet/repede
alon / gancang

ud/uscat
baseuh / garing

cald/rece
haneut / tiis

război/pace
perang / damai

antonime - sabalikna

cifre
angka-angka

0	**1**	**2**
zero	unu	doi
nol	hiji	dua
3	**4**	**5**
trei	patru	cinci
tilu	opat	lima
6	**7**	**8**
șase	șapte	opt
genep	tujuh	dalapan
9	**10**	**11**
nouă	zece	unsprezece
salapan	sapuluh	sawelas

12

douăsprezece

duawelas

13

treisprezece

tiluwelah

14

paisprezece

opatwelas

15

cincisprezece

limawelas

16

șaisprezece

genepwelas

17

șaptesprezece

tujuhwelas

18

optsprezece

dalapanwelas

19

nouăsprezece

salapanwelas

20

douăzeci

duapuluh

100

o sută

saratus

1.000

o mie

sarébu

1.000.000

un milion

sajuta

limbi
basa-basa

engleză
Inggris

engleză americană
basa Inggris Amerika

chineza mandarină
basa Cina Mandarin

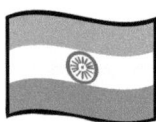

hindi
basa Hindi

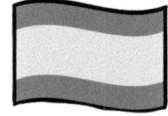

spaniolă
basa Spanyol

franceză
basa Perancis

arabă
basa Arab

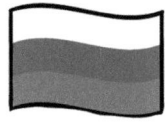

rusă
basa Rusia

protugheză
basa Portugis

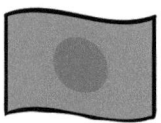

bengaleză
basa Bengal

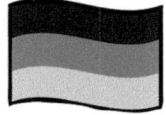

germană
basa Jerman

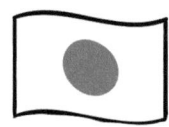

japoneză
basa Jepang

cine/ce/cum
saha / naon / kumaha

eu
urang

tu
manéh

el/ea
anjeunna / manéhna

noi
arurang

voi
maranéh

ea
aranjeunna / maranéhna

cine?
saha?

ce?
naon?

cum?
kumaha?

unde?
di mana?

când?
iraha?

nume
wasta / ngaran

unde
di mana

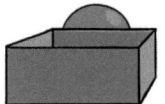

în spate
di tukang

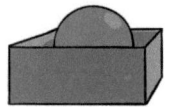

în
di

înainte
di hareup

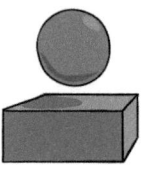

peste
di luhureun

pe
di luhur

sub
di handapeun

lângă
di gigir

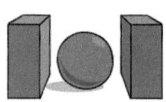

între
antawis

loc
tempat